国学

第一册

《弟子规》(上)

主编 ◎ 傅建明

北京大学出版社
PEKING UNIVERSITY PRESS

图书在版编目(CIP)数据

国学.第1册/傅建明主编.—北京：北京大学出版社，2015.8
ISBN 978-7-301-25808-8

Ⅰ.①国… Ⅱ.①傅… Ⅲ.①中华文化—小学—教材 Ⅳ.①G624.201

中国版本图书馆CIP数据核字(2015)第095254号

书　　　名	GUOXUE 国学（第一册）
著作责任者	傅建明　主编
策 划 编 辑	姚成龙　陈斌惠　李　玥
责 任 编 辑	李　玥
绘　　　图	王　莹　胡　雯
标 准 书 号	ISBN 978-7-301-25808-8
出 版 发 行	北京大学出版社
地　　　址	北京市海淀区成府路205号　100871
网　　　址	http://www.pup.cn　　新浪微博：@北京大学出版社
电 子 信 箱	zyjy@pup.cn
电　　　话	邮购部62752015　发行部62750672　编辑部62765126
印 刷 者	三河市北燕印装有限公司
经 销 者	新华书店
	787毫米×1092毫米　16开本　6.25印张　85千字 2015年8月第1版　2018年4月第2次印刷
定　　　价	33.00元（配光盘）

未经许可，不得以任何方式复制或抄袭本书之部分或全部内容。
版权所有，侵权必究
举报电话：010-62752024　电子信箱：fd@pup.pku.edu.cn
图书如有印装质量问题，请与出版部联系，电话：010-62756370

本书编委会

学术顾问：楼宇烈　李学勤
艺术顾问：魏　哲
丛书主编：傅建明
丛书副主编：周华青　虞伟庚　石学斌

本册主编：雷　平
编写人员：贾洪华　孙　斌　张小兵　尉俊傑
　　　　　　盛婉彬　蒋知真　高　蕾　傅必强
　　　　　　叶文燕　姚慧超　林美英

目录 mù lù

致小朋友 zhì xiǎo péng yǒu ……………… 1

第一单元 总叙 dì yī dān yuán zǒng xù ……………… 3

第一课 弟子规 dì yī kè dì zǐ guī ……………… 4

第二单元 入则孝 dì èr dān yuán rù zé xiào ……………… 9

第二课 父母呼 dì èr kè fù mǔ hū ……………… 10

第三课 冬则温 dì sān kè dōng zé wēn ……………… 14

第四课 事虽小 dì sì kè shì suī xiǎo ……………… 19

第五课 亲所好 dì wǔ kè qīn suǒ hào ……………… 24

第六课 亲有过 dì liù kè qīn yǒu guò ……………… 29

第七课 亲有疾 dì qī kè qīn yǒu jí ……………… 34

第三单元 出则弟 ……… 39

第八课 兄道友 ……… 40

第九课 或饮食 ……… 45

第十课 称尊长 ……… 50

第十一课 长者立 ……… 55

第四单元 谨 ……… 61

第十二课 朝起早 ……… 62

第十三课 冠必正 ……… 67

第十四课 对饮食 ……… 72

第十五课 步从容 ……… 77

第十六课 事勿忙 ……… 82

第十七课 将入门 ……… 87

后记 ……… 93

致小朋友

《弟子规》原名《训蒙文》,清朝康熙年间李毓秀编撰,后经清朝贾存仁修订改编,改名为《弟子规》。

《弟子规》三字一句,两句一韵,共三百六十句,一千零八十字,朗朗上口,易读宜诵。《弟子规》具体列举弟子在家、出外、待人、接物与学习上应该具备的礼仪规范。《弟子规》不仅是古代教育子弟、启蒙养正的最佳读物,也是现代人养成良好行为习惯的经典读物。

学习时请小朋友根据课前导读的要求进行,在熟读成诵的基础上完成课后的练习题。另外,请小朋友一定记得邀请爸爸妈妈与你一起学习哟。课后练习由"字词解码""理解阶梯""熟读成诵""博学广闻"四个部分组成。"字词解码"解读字词密码,领略祖国文字的神奇;"理解阶梯"理解内容奥秘,畅快玩转;"熟读成诵"指导诵读方法,口诵心修;"博学广闻"连接趣味故事,乐享无限。

我们将在孔老师的引领下与蒙蒙、正正一起学习《国学》。

孔老师——与圣人孔子同姓，满肚子学问的和蔼老人。

蒙蒙——取"童蒙养正"的"蒙"字而得名，喜欢卖萌的可爱女生。

正正——取"童蒙养正"的"正"字而得名，善于发现的机灵男生。

小朋友，亲近国学，沐浴经典，领略中华传统文化的魅力，我们一起努力！

《弟子规》全文朗读

第一单元　总叙

　　《弟子规》是每个人都可以学习的生活规范，是在家、出外、待人、接物与学习上应该遵守的规范。让我们一起把《弟子规》读正确，读流利，注意停顿，并把这些规范落实到言行中。相信自己，一定能做到！

第一课　弟子规

语音朗读

小朋友，读书的时候姿势端正很重要。来学着读一读下面的课文吧。

弟子规[①]，圣人训[②]，首孝弟[③]，次谨[④]信。
泛爱众，而亲仁，有余力，则学文。

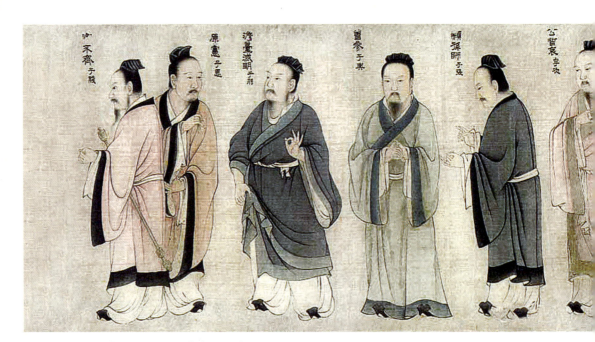

〔唐〕阎立本《孔子弟子像》（局部）

注释

①规：规范，准则。 ②训：教诲。 ③弟：通"悌"，意思是敬爱兄长。 ④谨：慎重。

译文

学生有学生的规矩，是古代圣人的教诲。首先，要孝敬父母，敬爱兄长；其次，要言行谨慎，讲究信用。对大家有爱心，亲近道德品质高尚的人，有精力、有时间，应该多看书学习。

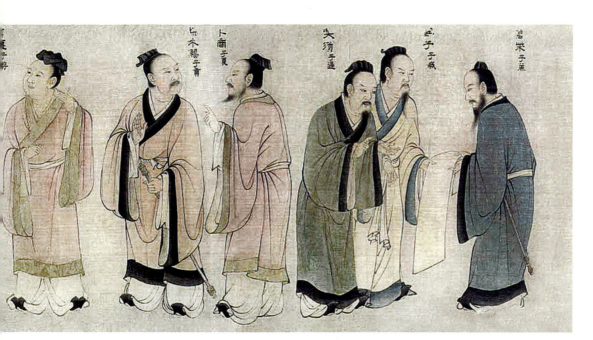

〔唐〕阎立本《孔子弟子像》（局部）

字词解码

为什么"弟"要读tì？

 "弟"是通假字。"通假"也叫"通用""假借"，是中国古代的用字现象。由于种种原因，书写者借用了音同或音近的字来替代。

就像文中的"弟"通"悌"！

理解阶梯

小朋友，你知道哪些生活规范？快来连一连这些生活规范。

1. 首孝弟　　　　A. 亲近品德高尚的人。
2. 次谨信　　　　B. 孝顺父母，敬爱兄长。
3. 泛爱众　　　　C. 举止谨慎，讲求信用。
4. 而亲仁　　　　D. 有空时学习本领。
5. 有余力，则学文　E. 友好地对待所有人。

熟读成诵

读书做到"字字响亮，不可误一字，不可少一字，不可多一字，不可倒一字"才算读正确，快来试一试！

弟子规，圣人训，首孝弟，次谨信。

泛爱众，而亲仁，有余力，则学文。

做到的项目，请给小旗涂上颜色吧。

字字响亮　　　　　　　　不误一字

不少一字　　　　不多一字　　　　不倒一字

我能把这一课准确地背下来！你呢？

博学广闻

孔子

孔子（前551—前479），名丘，字仲尼，春秋时期鲁国人。他是中国历史上伟大的教育家、思想家和政治家，儒家学派的创始人。他创立了以"仁"为核心的道德学说。他教学的言论以及与弟子们的对话被汇编成《论语》一书，千古传诵。

《弟子规》是根据《论语·学而篇》第六章"弟子入则孝，出则弟，谨而信，泛爱众，而亲仁，行有余力，则以学文"编纂而成的。

〔宋〕马远《孔子像》

拓展练习

第二单元　入则孝

　　爸爸、妈妈给予我们无微不至的关爱，我们应该怎样孝敬他们呢？这个单元我们要学习的是关于"孝顺"的内容。让我们走进课文，争取把课文读正确，背诵下来，把学习到的孝敬爸爸、妈妈的方法运用到自己的行动中去。

第二课 父母呼

语音朗读

"字字响亮,不可误一字,不可少一字,不可多一字,不可倒一字",根据读正确的要求认真读第二课吧!

父母呼,应①勿缓②,父母命,行勿懒。

父母教③,须敬听,父母责④,须顺承⑤。

〔清〕任颐《戏婴图》

注 释

①应：回答、答应。②缓：缓慢、迟缓。③教：教育，教导。④责：责备、责罚。⑤承：承受，接受。

译 文

父母呼唤，立刻答应；父母要你做事，马上去做，不要偷懒。父母教导，要恭敬地听；父母责备，要心悦诚服地接受。

字词解码

"勿"的意思是"不要"，"须"的意思是"要，必须"。你发现了什么吗？

我发现，"勿"和"须"的意思相反。

下面的句子你会填吗？来写号码吧。

①勿　　②须

父母呼，应①缓，父母命，行___懒。

父母教，___敬听，父母责，___顺承。

理解阶梯

请在你认为对的选项后面打"√"。

爸爸妈妈的教导，我左耳进右耳出。　　（　　）

爸爸妈妈叫我，我装作没听到。　　　　（　　）

爸爸妈妈让我做事，我赶快去做。　　　（　　）

爸爸妈妈批评我，我虚心接受。　　　　（　　）

熟读成诵

下面的句子你能读正确吗？
请给得到的小旗涂上颜色吧。

父母呼，应勿缓，父母命，行勿懒。

父母教，须敬听，父母责，须顺承。

zì zì xiǎng liàng
字字响亮

bú wù yí zì
不误一字

bù shǎo yí zì
不少一字

bù duō yí zì
不多一字

bú dào yí zì
不倒一字

wǒ néng bǎ zhè yí kè zhǔnquè de bèi xià lái   nǐ ne
我能把这一课准确地背下来！你呢？

博学广闻

yǒu xiē jiā tíng duì hái zi de jiāo huì shì dài dài xiāng chuán de
有些家庭对孩子的教诲是代代相传的，
zhè yàng de jiāo huì bèi chēng wéi jiā xùn   yán shì jiā xùn   zhū
这样的教诲被称为家训。《颜氏家训》《朱
zǐ jiā xùn   zēngguó fān jiā xùn   děng dōu fēi cháng yǒu míng
子家训》《曾国藩家训》等都非常有名。

zǐ sūn suī yú   jīng shū bù kě bù
"子孙虽愚，经书不可不
dú   chū zì   zhū zǐ jiā xùn
读。"出自《朱子家训》。

拓展练习

第三课 冬则温

语音朗读

"字字响亮,不可误一字,不可少一字,不可多一字,不可倒一字",根据读正确的要求继续认真读第三课!

冬则①温,夏则清②,晨则省③,昏则定④。
出必告,反⑤必面,居有常,业无变。

〔明〕戴进《春游晚归图》(局部)

注释

①则：就要。②清：凉爽。③省：请安，问好。④定：服侍父母就寝。

译文

照顾父母要让他们冬暖夏凉。早晨要向父母请安，晚上要照顾父母安眠。每次出去和回来，都要禀告父母。居住有定所，职业稳定，不可随意变化。

字词解码

"省"是多音字，既可以读"xǐng"，也可以读"shěng"。

真聪明！下面词句中的"省"应该读什么音呢？选一选，填上号码吧。

① xǐng 　　② shěng

省市（shì ）　　节省（jié ）　　晨省昏定（chén hūn dìng ）　　省力（lì ）

> wǒ fā xiàn le zhè yí kè zhōng de tōng jiǎ
> 我发现了这一课中的通假
> zì　　fǎn　tōng　fǎn
> 字："反"通"返"。

理解阶梯

> zhè yí kè zhōng chū xiàn le hǎo duō fǎn yì cí　nǐ néng bǎ tā
> 这一课中出现了好多反义词，你能把它
> men zhǎo chū lái ma
> 们找出来吗？

冬（dōng）— ____　　　　晨（chén）— ____

出（chū）— ____　　　　常（cháng）— ____

> wǒ men shēn biān yǒu xǔ duō zhè yàng de
> 我们身边有许多这样的
> fǎn yì cí　nǐ néng shuō jǐ gè ma
> 反义词，你能说几个吗？

熟读成诵

我能正确地朗读课文。做到的项目,请给小旗涂上颜色吧。

冬则温,夏则清,晨则省,昏则定。

出必告,反必面,居有常,业无变。

字字响亮

不误一字

不少一字

不多一字

不倒一字

我能把这一课准确地背下来!你呢?

博学广闻

卧冰求鲤

晋朝时期,有个叫王祥的人,心地善良。他幼年时失去了母亲。后来继母朱氏对他不慈爱,时常在他的父亲面前说三道四,搬弄是非。父亲对他也逐渐冷淡。

王祥的继母喜欢吃鲤鱼。有一年冬天，天气很冷，冰冻三尺，王祥为了能得到鲤鱼，赤身卧在冰上。他浑身冻得通红，仍在冰上祷告乞求能得到鲤鱼。正在他祷告之时，他右边的冰突然开裂。王祥喜出望外，正准备跳入河中捉鱼时，忽然从冰缝中跳出两条活蹦乱跳的鲤鱼。王祥高兴极了，就把两条鲤鱼带回家供奉给继母。

他的举动，在十里乡村传为佳话。人们都称赞王祥是人间少有的孝子。

〔现代〕高剑父《鲤鱼破冰图》

拓展练习

第四课 事虽小

语音朗读

"字字_____，不可____一字，不可____一字，不可____一字，不可____一字"，恭喜你学会了把课文读正确的方法！

事虽小，勿擅①为，苟②擅为，子道③亏。

物虽小，勿私藏，苟私藏，亲④心伤。

〔清〕袁枚、尤诏、汪恭《随园湖楼请业图卷》（局部）

注释

①擅：擅自，随便。②苟：如果。③子道：做子女的礼仪。④亲：父母。

译文

即使事情再小，也不能自作主张，不禀告父母就去做，如果擅自而为，一旦出错，就不符合做子女的道理了。即使东西再小，也不要自己拿着不给父母，如果这样，父母知道了，一定很伤心。

字词解码

正正是男孩子，叫"子道亏"，我是女孩子，那就该叫"女道亏"吗？

从古至今，许多汉字的意思发生了变化。比如，"子"这个字，古代指儿女或尊称，现在一般指儿子。

孔子，姓孔，名丘，"子"是对他的尊称。

像这样的还有：孟子、老子……

理解阶梯

在正确的做法前的括号里画上笑脸。

( ) 把一张很小的纸片扔到了垃圾桶里。

( ) 把垃圾分类后扔进垃圾桶。

( ) 很喜欢同学的橡皮擦,直接拿来用。

( ) 捡到了一支笔,会去找它的小主人。

熟读成诵

我能读正确。做到的项目,请给小旗涂上颜色吧。

事虽小,勿擅为,苟擅为,子道亏。

物虽小,勿私藏,苟私藏,亲心伤。

字字响亮

不误一字

不少一字

不多一字

不倒一字

我能把这一课准确地背下来！你呢？

博学广闻

俗话说得好："勿以善小而不为，勿以恶小而为之。"请和爸爸妈妈一起阅读这个《世说新语》中的故事，想想我们应该如何面对自己的错误。

周处除三害

周处性情暴躁，村里的人讨厌他，把他和山上的猛虎、水里的蛟龙合称为"三害"。周处说："猛虎和蛟龙算什么，我去除掉它们。"

他用弓箭射死了张牙舞爪的猛虎,又去擒拿蛟龙。那蛟龙异常凶猛,周处与它在水中搏斗了三天三夜没上岸。村里的人见周处一去不回,以为他和蛟龙都死了,欢乐地庆祝三害已除。

可是,周处凭自己的智慧和力量最后杀死了蛟龙,回到了村里。他见大家正在庆祝三害已除,难过极了,心想:一个人被看作和吃人的老虎、害人的蛟龙一样,还有什么意思。他痛下决心,从此改过自新。

汉画像石图案

拓展练习

第五课　亲所好

语音朗读

> 小朋友，这篇课文中你会认哪些字呢？把它们圈一圈，响亮地读一读！

亲所好①，力②为具③，亲所恶④，谨⑤为去⑥。

身有伤，贻⑦亲忧，德有伤，贻亲羞⑧。

亲爱我，孝何难，亲憎我，孝方贤。

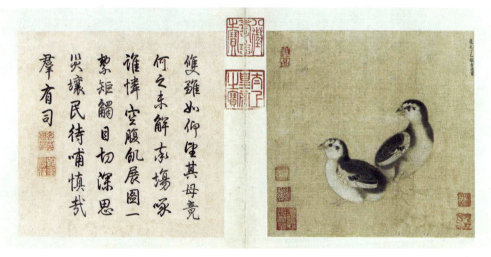

〔宋〕李迪《鸡雏待饲图》

注释

①好：喜好，喜欢。②力：尽力。③具：准备，置办。④恶：讨厌，不喜欢。⑤谨：小心。⑥去：去除。⑦贻：招致。⑧羞：蒙羞。

译文

父母喜欢的东西，做子女的应该尽力置办。父母讨厌的东西，应该谨慎地去除。如果身体受到了创伤，就会让父母担忧。如果德行上有了缺失，就会让父母蒙羞。父母爱我时，孝敬他们有什么难呢？父母讨厌我时，我还能尽孝，这才是贤德。

字词解码

"好"这个字有两个读音，一个读作hǎo，一个读作hào，你会区分吗？

读hǎo的时候与"坏"相对，读hào的时候表示喜爱。让我们来连一连吧！

好人　　好学　　好处　　好问

　　　hǎo　　　hào

理解阶梯

nǐ rèn wéi xià miàn nǎ jǐ zhāng tú piàn zhōng de xíng
你认为下面哪几张图片中的行
wéi shì zhèngquè de ne　　zài fāngkuàng lǐ dǎ
为是正确的呢？在方框里打"√"。

□　　　　　　□　　　　　　□

gěi xià miàn de jù zi pái shùn xù　bǎ dá àn de
给下面的句子排顺序，把答案的
hào mǎ xiě zài héngxiànshàng
号码写在横线上。

　　qīn suǒ wù　　jǐn wèi qù　　　　　qīn suǒ hào　　lì wèi jù
A. 亲所恶，谨为去　　　B. 亲所好，力为具

　　qīn ài wǒ　　xiào hé nán　　　　　qīn zēng wǒ　　xiào fāng xián
C. 亲爱我，孝何难　　　D. 亲憎我，孝方贤

　　dé yǒushāng　yí qīn xiū　　　　　shēn yǒushāng　yí qīn yōu
E. 德有伤，贻亲羞　　　F. 身有伤，贻亲忧

B　、　　　　、　　　　、　　　　、　　　　、

熟读成诵

wǒ huì zhù yì jiā héng xiàn zì de
我会注意加横线字的
dú yīn　zhèngquè de lǎng dú
读音，正确地朗读！

身有伤，<u>贻</u>亲<u>忧</u>，德有伤，贻亲<u>羞</u>。

nǐ néng zhèng què　xiǎng liàng de bèi sòng ma　　dé dào jǐ
你能 正确、响亮地背诵吗？得到几
duǒ huā ne　gěi dé dào de huā tú shàng xǐ huan de yán sè ba
朵花呢？给得到的花涂上喜欢的颜色吧。

　zhèngquè　　　　　　xiǎng liàng　　　　　　liú lì
　正 确　　　　　　响 亮　　　　　　流 利

博学广闻

xiǎopéngyǒu　　gēn bà ba mā ma yì qǐ dú du ba
小朋友，跟爸爸妈妈一起读读吧！

tán zǐ lù rǔ fèng qīn
郯子鹿乳奉亲

tán zǐ de fù mǔ nián jì hěn dà　　dōu huàn shàng le yǎn bìng　xū yòng lù rǔ zhì
郯子的父母年纪很大，都患上了眼病，需用鹿乳治
liáo　tán zǐ zhī dào yǐ hòu biàn shēn pī lù pí　zuān jìn lù qún zhōng jǐ qǔ lù rǔ　gōng
疗。郯子知道以后便身披鹿皮，钻进鹿群中挤取鹿乳，供

奉双亲。一日,一位猎人去山中猎鹿,猎人用箭瞄准了他,郯子急忙喊道:"我是人,不是鹿。"猎人很迷惑,问:"你为什么要打扮成鹿呢?"郯子说:"我听说鹿乳对眼睛有好处,我的父母眼睛有疾病,所以我才想了这个办法。"猎人听了以后很感动,于是把郯子的事告诉大家,从此,郯子鹿乳奉亲的故事也传遍了天下。

〔清〕艾启蒙《百鹿图》(局部)

请你也为爸爸妈妈做一件力所能及的事。

拓展练习

第六课　亲有过

语音朗读

> 小朋友,这篇课文中你会认哪些字呢?把它们圈一圈,响亮地读一读!

亲有过①,谏②使更③,怡④吾⑤色,柔⑥吾声。
谏不入⑦,悦复⑧谏,号⑨泣随,挞⑩无怨。

〔宋〕马和之《孝经图》(局部)

注释

①过：过错。②谏：劝说，规劝。③更：改变。④怡：快乐。⑤吾：我。⑥柔：柔和。⑦入：接受。⑧复：再次。⑨号：大声哭号。⑩挞：鞭挞。

译文

如果父母有了过错，子女应当态度诚恳、声音柔和地劝说他们改正。如果父母不接受劝告，就等他们高兴的时候再劝。如果父母还是不听，就哭泣恳求，就算被打也毫无怨言。

字词解码

正正，你知道"吾"的意思是什么吗？

"吾"的意思是"我"！表示"我"的意思的字可多了！

小朋友，快圈一圈下面表示"我"的意思的字。

吾 尔 若 朕 咱 汝 余 予

理解阶梯

课文中每句话的意思你都知道了吗？让我们连一连吧！

1. 悦吾色 （yuè wú sè）　　A. 父母高兴的时候再劝（fù mǔ gāoxìng de shí hou zài quàn）

2. 柔吾声 （róu wú shēng）　　B. 劝说父母改正（quànshuō fù mǔ gǎi zhèng）

3. 谏使更 （jiàn shǐ gēng）　　C. 劝说时脸色要和悦（quànshuō shí liǎn sè yào hé yuè）

4. 悦复谏 （yuè fù jiàn）　　D. 劝说时声音要柔和（quànshuō shí shēng yīn yào róu hé）

下面的字在课文中读什么呢？让我们来选一选吧！

悦（yuè　lè）　　　　挞（tà　dá）

谏（gēng　jiàn）　　号（hào　háo）

泣（qì　lì）　　　　更（gèng　gēng）

要注意区分多音字噢！（yào zhù yì qū fēn duō yīn zì ō）

熟读成诵

wǒ huì zhù yì jiā héng xiàn zì de dú
我会注意加横线字的读
yīn zhèng què de lǎng dú
音，正确地朗读！

<u>谏</u>不入，悦复谏，<u>号</u>泣随，<u>挞</u>无怨。

nǐ néng zhèng què xiǎng liàng de bèi sòng ma   dé dào
你能正确、响亮地背诵吗？得到（　　）
duǒ huā ne   gěi dé dào de huā tú shàng xǐ huan de yán sè ba
朵花呢？给得到的花涂上喜欢的颜色吧。

zhèng què   xiǎng liàng   liú lì
正　确　　　　响　亮　　　　流　利

博学广闻

sūn yuán jué quàn fù
孙元觉劝父

gǔ shí hou yǒu gè dú shū rén jiào sūn yuán jué   shí fēn xiào shùn zhǎng bèi   kě shì tā
古时候有个读书人叫孙元觉，十分孝顺长辈，可是他
de fù qīn duì tā de zǔ fù què jí bú xiào shùn   yì tiān   fù qīn yòng zhú lǒu bǎ nián mài
的父亲对他的祖父却极不孝顺。一天，父亲用竹篓把年迈
bìng ruò de zǔ fù bēi dào shēn shān lǐ   zhǔn bèi yí qì   tā de fù qīn yào huí qù le
病弱的祖父背到深山里，准备遗弃。他的父亲要回去了，

孙元觉马上把竹篓捡回来，对父亲说："我要把竹篓带回去，以后您老了，我再用它背您。"他父亲一听，马上把老人背回家，从此对老人非常孝顺。

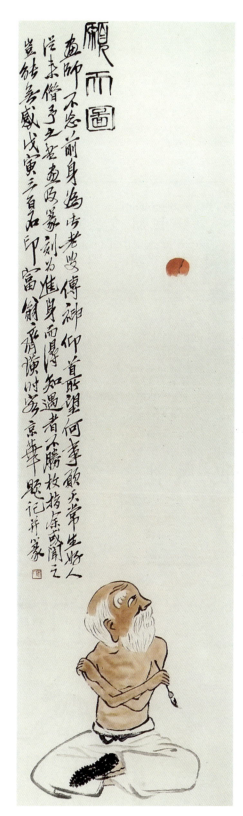

〔现代〕齐白石《愿天图》

第七课　亲有疾

语音朗读

小朋友，这篇课文中你会认哪些字呢？把它们圈一圈，响亮地读一读！

亲有疾①，药先尝，昼夜侍②，不离床。

丧③三年，常悲咽④，居处辨⑤，酒肉绝⑥。

丧尽礼，祭尽诚，事⑦死者，如事生。

汉画像砖养老图

注 释

①疾：疾病。②侍：侍候。③丧：守丧。④咽：悲伤地哭泣。⑤辨：改变，调整。⑥绝：杜绝。⑦事：对待。

译 文

父母生病了，熬的药应自己先尝一尝，应日夜侍奉在床边。父母去世了，要守丧三年并常常想起父母而哭泣。守丧期间要改变饮食起居，禁绝酒肉。按照礼仪办丧事，诚心诚意地祭祀。对待死去的父母要像他们活着时一样。

字词解码

将下面的字与读音连一连。

疾　昼　侍　药　悲　酒　咽

bēi　jiǔ　shì　zhòu　jí　yào　yè

35

课文中"丧"应该读 sāng，还有另一个音读作 sàng，你会区分吗？

sàng： 丧失　沮丧　丧气

sāng： 丧事　丧礼　丧亡

理解阶梯

每句话的意思都知道了吗？快连一连吧！

1. 亲有疾　　　　　A. 先尝一尝药
2. 不离床　　　　　B. 日夜侍奉父母
3. 药先尝　　　　　C. 父母生病了
4. 昼夜侍　　　　　D. 不离开床边

熟读成诵

我会注意加横线字的读音，正确地朗读！

<u>丧</u>尽礼，<u>祭</u>尽<u>诚</u>，事死者，如事生。

你能正确、响亮地背诵吗？得到几朵花呢？给得到的花涂上喜欢的颜色吧。

正确

响亮

流利

博学广闻

孝子蔡邕

东汉文学家蔡邕是个出名的大孝子。蔡邕小时候非常懂事。有一次，母亲病倒了，很长一段时间都无法下床。蔡邕心中非常难过，日夜守在母亲床前，殷勤服侍。等到他衣锦还乡和父母团聚后，蔡邕的母亲又大病了一场。看到母亲将不久于世，蔡邕每天在母亲床前细心伺候，直到母亲去世。埋葬母亲之后，蔡邕在坟前大哭，不愿回家。仆人们见了，也跟着哭起来。之后，他叫仆人在母亲的坟墓旁搭了个小房子，自己住在那里继续守墓，以表达爱母之情。

〔现代〕王震《椿萱并茂图》

拓展练习

你知道吗，萱草又叫忘忧草，中国古代以萱草指代母亲，萱草是中国的母亲花。

我还知道，中国古代以椿树指代父亲。"椿萱并茂"就是父母亲都健康长寿的意思。

第三单元 出则弟

在家里要孝敬父母,那走出家门呢?兄弟和睦,长幼有序,谦恭有礼。只有尊重别人,生活才会变得更美好!让我们一起来学习这些礼仪,在把课文读正确的基础上,加快读书的速度,这样就读得流利了!相信你能行!

第八课 兄道友

语音朗读

> 兄道____，弟道____，答案就藏在下面的句子中，边读边找吧！

兄道①友，弟道恭，兄弟睦，孝在中。
财物轻②，怨何③生，言语忍，忿④自泯⑤。

〔宋〕苏汉臣《秋庭戏婴图》（局部）

注 释

①道：准则。②轻：轻视，看轻。③何：哪里。④忿：不满。⑤泯：消除，消失。

译 文

哥哥姐姐友爱弟弟妹妹，弟弟妹妹尊敬哥哥姐姐。彼此和睦相处，父母高兴，孝道自在其中。不斤斤计较财物，怨恨就无从生起。多包容忍让，不满自然会消失。

字词解码

小朋友，你们从"言语"和"语言"这两个词中发现了什么吗？

我明白了，把"语"和"言"放在不同的位置可以形成不同的词。类似的还有：图画和画图，山上和上山。

我也知道：＿＿＿＿＿＿

和＿＿＿＿＿＿。

理解阶梯

有好东西第一时间和弟弟、妹妹分享。

要尊敬哥哥、姐姐。不随便发脾气。

哈哈，你们说得都没错。下面这些做法对吗？给对的打"√"，错的打"×"。

□

谈话时，弟弟用手指着姐姐。

□

丁丁拿到苹果先给爸爸吃。

□

兄弟吵起来了，谁也不肯让步。

熟读成诵

wǒ néng bǎ xià miàn zhè jù huà dú
我能把下面这句话读
zhèngquè dú liú lì nǐ néng ma
正确、读流利，你能吗？

财物轻，怨何生，言语忍，忿自泯。

wǒ néng zhèng què liú lì de bèi sòng kè wén
我能正确、流利地背诵课文，
zhàn shàng zuì gāo tái jiē xiǎo péng yǒu zài nǐ néng zuò
站上最高台阶。小朋友，在你能做
dào de tái jiē shàng huà gè ba
到的台阶上画个☺吧。

博学广闻

lǐ jì fén xū
李勣焚须

táng cháo yǒu yí gè zǎi xiàng míng jiào lǐ jì zài tā nián jì hěn dà de shí hou
唐朝有一个宰相名叫李勣，在他年纪很大的时候，
hái bú wàng zhào gù tā de jiě jie yǒu yí cì tā de jiě jie shēng bìng le lǐ jì qīn
还不忘照顾他的姐姐。有一次，他的姐姐生病了，李勣亲

自到厨房烧火煮粥。谁知在煮粥的过程中，一阵回风把李勣的胡须烧着了。姐姐知道了这件事，忍不住埋怨他："家里仆人这么多，你干吗还要自己去煮啊！"李勣却认为自己和姐姐两个人年纪都大了，以后想再为姐姐多煮几次粥就不容易了。

〔现代〕齐白石《炊》（局部）

拓展练习

第九课　或饮食

语音朗读

长者＿＿，幼者＿＿。连起来就叫长幼有序。

或①饮食，或坐走②，长者先，幼者后。
长呼③人，即④代叫，人不在，己即到。

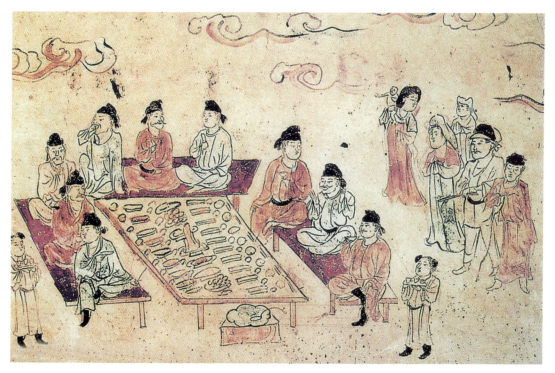

唐墓壁画《宴饮图》

注释

①或……或……：不论……还是……。②走：走路，行走。③呼：叫，召唤。④即：立刻，马上。

译文

用餐、落座、行走，都应该谦虚礼让。年长者在先，年幼者在后。长辈呼唤他人，要立即代为传唤。如果那人不在，要立刻去问长辈有什么事。

字词解码

"呼"的本字是"乎"。甲骨文"乎"写作"𠂉"，是模仿古人吹奏管角，发出召集信号。像这样和"口"有关的字你还知道哪些？

课文里的"叫"就是和口有关的。

我生气的时候，妈妈经常"哄"我，这也和口有关。

你们都很会观察，能从课文中和生活中收集知识。你们还知道哪些和"口"有关的字呢？

叫、_____、_____、_____、_____

理解阶梯

给正确的做法下的方框涂上喜欢的颜色吧。

奶奶为孙子送上食物。

给奶奶扇扇子。

骑在爷爷的背上。

给妈妈洗脚。

日常生活中，我们可以为长辈做些什么？

例：妈妈下班回到家，口渴了。
我要给妈妈倒一杯水，解解渴。

1. 爸爸今天工作很累，腰酸背痛。

   我要＿＿＿＿＿＿＿＿＿＿＿＿＿＿＿＿＿。

2. 妈妈说可以吃饭了，爸爸却还在房间里埋头工作。

   我要＿＿＿＿＿＿＿＿＿＿＿＿＿＿＿＿＿。

熟读成诵

我能把下面这句话读正确、读流利，你能吗？

或饮食，或坐走，长者先，幼者后。

我能正确、流利地背诵课文，站上最高台阶。小朋友，在你能做到的台阶上画个☺吧。

流利

正确

响亮

博学广闻

孔融让梨

孔融是东汉末年的文学家,他自幼聪明好学,才思敏捷,常常受到大家的夸赞。孔融四岁那年,有一次家里人一起吃梨,父亲叫孔融分梨。孔融给自己挑了个最小的,其余按长幼顺序分给兄弟。他觉得自己年纪最小,应该吃小的梨,大的该给哥哥们。

孔融真是个懂礼节的孩子,这么小就知道长幼有序了。和爸爸妈妈一起找一找身边懂礼节的人或事吧!

〔元〕钱选《梨花图》

拓展练习

第十课 称尊长

语音朗读

下面的句子中有一个字表示"快速"的意思，它就是（　　），赶快去找一找吧！

称尊长，勿呼名，对尊长，勿见①能。
路遇长，疾趋②揖③，长无言，退恭立。
骑下马，乘下车，过犹④待⑤，百步余。

〔宋〕王居正《纺车图卷》（局部）

注释

①见：通"现"，卖弄，炫耀。②疾趋：小步快跑。
③揖：拱手行礼。④犹：还，仍然。⑤待：等待，等候。这里指在原地再等一会儿。

译文

称呼长辈，不直呼其名，在长辈面前，谦虚有礼，不可以炫耀自己的才能。路上遇见长辈，迅速上前问好，长辈没有吩咐，恭敬退到一旁，让长辈先走。骑马、乘车，遇见长辈都要下马或下车问候，等长辈离去约百步后，才可以离开。

字词解码

"趋"：礼貌性地小步快走。"疾"：快速。"疾趋"组合在一起，就变成了小步快跑，表示内心非常迫切和恭敬。

我明白了。"立"指站立，"恭立"则是指恭敬地站立。

太有意思了，加上一个字，意思就大不相同了。

理解阶梯

下面哪个小朋友最懂得尊敬长辈？

1. 张三（爸爸的名字），快帮我找铅笔！
2. 爷爷，你怎么连电视都打不开，真笨！
3. 妈妈，你别吵，我先说。
4. 爸爸，您找我有什么事吗？

熟读成诵

我能把这句话读正确、读流利，你能吗？

路遇长，疾趋揖，长无言，退恭立。
骑下马，乘下车，过犹待，百步余。

我能正确、流利地背诵课文，站上最高台阶。小朋友，在你能做到的台阶上画个☺吧。

liú lì
流 利

zhèng què
正 确

xiǎng liàng
响 亮

博学广闻

"揖礼"

"揖礼"属相见礼，和我们现在见面的握手相近。算起来，它已经有三千年以上的历史了。"揖礼"大致分为周揖礼、叉手揖礼和抱拳揖礼三大类。

〔宋〕马远《孔子仿荣启期图页》

  zhōu yī lǐ   chā shǒu yī lǐ   bào quán yī lǐ
  周 揖 礼   叉 手 揖 礼   抱 拳 揖 礼

zuò yi zuò yī lǐ hé bà ba mā ma bǐ yi bǐ, kàn
做一做"揖礼"。和爸爸妈妈比一比，看
shuí dé dào de xiào liǎn duō
谁得到的笑脸多。

	bà ba 爸爸	mā ma 妈妈	wǒ 我
zhōu yī lǐ 周 揖 礼			
chāshǒu yī lǐ 叉 手 揖 礼			
bàoquán yī lǐ 抱 拳 揖 礼			

拓展练习

第十一课　长者立

在长辈面前说话,我们应该怎么做呢?答案就藏在下面的句子中!

长者立,幼勿坐,长者坐,命①乃坐。

尊长前,声要低,低不闻②,却非宜③。

进必趋,退必迟④,问起⑤对,视勿移。

事⑥诸父⑦,如事父,事诸兄⑧,如事兄。

〔明〕沈周《盆菊图卷》(局部)

注释

①命：命令，吩咐。②闻：听见。③宜：合适，适宜。④迟：缓慢。⑤起：坐起，站起。⑥事：侍奉，服侍。⑦诸父：伯父，叔父。⑧诸兄：堂兄，表兄。

译文

长辈还站着，我们不能坐下；长辈坐着，得到允许再坐下。和长辈讲话，声音要低，声音太低长辈听不见，却不合适。拜见长辈走路要快，告退时则慢慢退出。长辈问话时，要起身回答，眼神注视长辈，不要东张西望。对待叔叔伯伯，像对待父亲一样恭敬；对待同族兄长，像对待自己的兄长一样友爱。

字词解码

甲骨文是中国已知最早的文字，因为记载在龟甲或兽骨上而得名。你能猜出这是什么字吗？

我猜它是（　　）字！

A. 闻　B. 宜　C. 声　D. 要

理解阶梯

看，这些小鸟多可爱！快根据它们的意思把它们送回家吧！

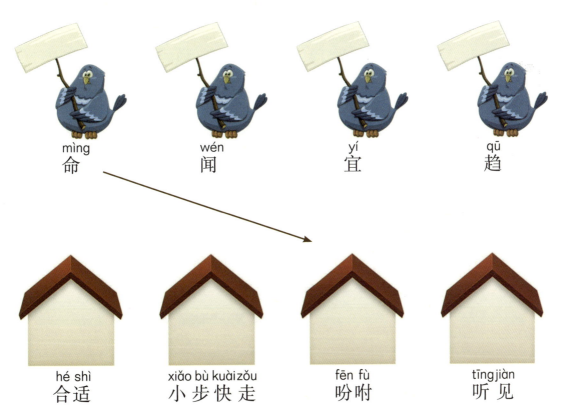

熟读成诵

我能把这几句话读正确、读流利，你能吗？

长者立，幼勿坐，长者坐，命乃坐。

尊长前，声要低，低不闻，却非宜。

进必趋，退必迟，问起对，视勿移。

事诸父，如事父，事诸兄，如事兄。

我能正确、流利地背诵课文，站上最高台阶。小朋友，在你能做到的台阶上画个☺吧。

流利

正确

响亮

博学广闻

张良拜师

汉朝的开国功臣张良是一个十分尊敬长辈的人。张良年轻时，有一天，他遇到一个傲慢的老者，故意把鞋甩到桥下，并命令张良去捡。张良捡回鞋后，非但没有生气,还跪着帮老者把鞋穿好。老者约张良五日后再相见,却再三刁难。张良依旧不厌其烦地赴约,最终获得了老者的赞许。原来老者是个世外高人,他送给张良一本奇书——《太公兵法》。

〔现代〕溥心畬《子房受书》

老人为什么把《太公兵法》送给张良?

拓展练习

〔清〕蒋廷锡《故宫鸟谱之山火雀》

第四单元　谨

小小的蚂蚁能毁掉长长的大坝，一步走错可能就会输掉整盘棋。生活中的小细节，我们可不能忽视，做任何事都需要谨慎！这一单元的朗读，我们将练习朗读句子中的停顿，你可以把《弟子规》读得更有韵味！

第十二课　朝起早

早起晚睡，洗漱净手，养成良好的生活习惯，古人是这样做的吗？

朝起早，夜眠迟，老易至，惜此时。
晨必盥①，兼②漱口，便溺③回，辄④净手。

〔清〕恽寿平《百花图卷》（局部）

注 释

①盥(guàn)：洗脸，洗手。②兼(jiān)：还有，同时。③便溺(biànniào)：大小便(biàn)。溺(niào)，通"尿"。④辄(zhé)：总是，就。

译 文

为人子女，要早起晚睡。衰老容易到来，所以要珍惜现在。我们要养成好的习惯：每天早上起床必须洗脸刷牙，大小便以后把手洗干净。

字词解码

你知道"盥"的意思吗？

我知道"盥"的意思是"洗"。我还知道，"盥"的甲骨文是 ，像手（ ）在有水的盆（ ）里。

真聪明！从字形就能明白汉字的意思。

理解阶梯

下面哪些是珍惜时间的行为?

A. 睡懒觉。
B. 等公共汽车时看书。
C. 看完电视再做作业。
D. 专心做作业,不东张西望。

我觉得,(　　)是珍惜时间的行为!

哪位小朋友的习惯好?

A. 淘淘睡前漱口刷牙。
B. 小红上完厕所后直接拿起大苹果就咬。
C. 小明一起床就开始翻箱倒柜找吃的。
D. 皮皮吃葡萄随口就把葡萄籽吐在了地上。

我觉得,(　　)的习惯好!

熟读成诵

要想把《弟子规》读出韵味，正确的停顿可是关键。

没错！人们常用"/"这个符号来代表停顿。请读出下面句子的停顿。

晨/必盥，兼/漱口，便溺/回，辄/净手。

注意有停顿地背诵，你能得几朵花？请涂色！

正确

响亮

停顿

博学广闻

闻鸡起舞

西晋时期，刘琨和祖逖是一对好朋友。他们经常在一起谈论国家大事，往往一谈就谈到深更半夜。一天夜里，

[现代]徐悲鸿《雄鸡》

他们睡得正香的时候,一阵鸡叫的声音把祖逖惊醒了。祖逖往窗外一看,天还没亮。祖逖叫醒了刘琨,说:"你听听,公鸡在催我们起床了。"于是,两人便起身练剑了。他们天天在一起苦练武艺,研究兵法,终于都成为了有名的将军。

请爸爸妈妈为自己的日常行为星涂色。

1. 早起,不赖床。
2. 起床后洗脸刷牙。
3. 饭前便后洗手。
4. 睡前洗漱干净。
5. 不随地扔垃圾。

拓展练习

第十三课　冠必正

语音朗读

穿衣戴帽，摆放物品，有什么讲究呢？

冠①必正，纽必结，袜与履②，俱紧切。

置③冠服，有定位，勿乱顿④，致污秽。

衣贵⑤洁，不贵华，上循⑥分，下称⑦家。

〔元〕赵孟頫《陶渊明归去来辞卷》

注释

①冠(guān)：帽子。 ②履(lǚ)：鞋子。 ③置(zhì)：摆放。 ④顿(dùn)：处理，安置(ān zhì)。 ⑤贵(guì)：以……为贵(yǐ……wéi guì)。 ⑥循(xún)：按照(àn zhào)。 ⑦称(chèn)：相称(xiāngchèn)，配得上(pèi de shàng)。

译文

帽子要戴端正，衣服的纽扣要扣好，袜子和鞋子都要穿得整齐，鞋带要系紧。脱下来的帽子和衣服应当摆放在固定的位置，不要随手乱丢乱放，以免弄脏。穿衣服注重的是整齐清洁，而不在于衣服是否昂贵华丽。穿衣服要符合自己的身份，也要与家境相称。

字词解码

小松鼠们迷路了，快把它们送回家吧！

冠 guān

袜 wà

履 lǚ

服 fú

帽子 mào zi

衣服 yī fu

袜子 wà zi

鞋子 xié zi

理解阶梯

下面哪个小朋友说得对？

1. 小洁说："这条裙子是我阿姨从香港带来的，要两千元呢！"

2. 小明说："整理衣柜真麻烦，随便放一放就好了！"

3. 小红说："哎呀，扣子扣错了！算了算了，不管了！"

4. 小夏说："这件衣服虽然才四十五元，但穿着真舒服！"

我觉得，（　　　）说得对！

熟读成诵

你会有停顿地读下面的句子，读出韵味吗？

冠／必正，纽／必结，袜与履，俱／紧切。

 注意有停顿地背诵，你能得几朵花？请涂色！

 正确　　 响亮　　 流利

博学广闻

子路拜师

孔子有一位学生叫子路。子路原本是个大老粗，非常看不起读书人。子路第一次见孔子时，穿着一身猎人装，帽子上插着山鸡毛，走起路来一摇三摆；腰上佩着剑，剑套是用野熊皮做的，自以为很神勇。见到孔子之后，子路被孔子的气度所折服，就把帽子上的山鸡毛摘下来扔了，换上一身儒服重新来拜师，跟着孔子学习诗书礼仪。

〔清〕任熊《挹兰高士图》

请你和爸爸妈妈一起，动手整理自己的衣柜吧！同时请你传授一下经验，你是如何将衣服分类的？

拓展练习

第十四课 对饮食

语音朗读

> 读下面的句子，饮食应该_____。

对饮食，勿拣择①，食适可，勿过②则③。
年④方⑤少，勿饮酒，饮酒醉，最为丑。

注 释

①拣择：挑挑拣拣。②过：超过。③则：准则。④年：年龄，年纪。⑤方：正当。

〔元〕任仁发《五王醉归图卷》（局部）

译 文

对于饮食，不挑不偏。饮食要适可而止，不要过量。未成年人，不要饮酒。饮酒醉了，可能会出丑。

字词解码

蒙蒙，知道"醜"是什么字吗？

不认识啊。

丑作"丑陋"的时候，它的繁体字可以写作"醜"。

"醜"字中为什么有鬼？

古人认为鬼的面貌最丑。

理解阶梯

在下面的心形框里画一画你喜欢的食物。

饮食标尺：最高分10分，最低分1分。
我能得_____分。

熟读成诵

我能正确地朗读，还能注意停顿。

对／饮食，勿／拣择，食／适可，勿／过则。
年／方少，勿／饮酒，饮酒／醉，最为／丑。

注意有停顿地背诵，我能得三星，你呢？请涂色！

☆ ☆ ☆ ☆ ☆

博学广闻

齐桓公醉酒丢帽

春秋时期，齐国的国君齐桓公有一次喝醉酒，酒醒之后，发现帽子不见了。在古代，这可是巨大的耻辱，于是齐

洛阳汉魏墓夫妇宴饮图

桓公躲了起来，三天不上朝。当时，齐国正闹饥荒，丞相管仲找不到齐桓公，就下令开仓放粮，救济灾民。后来，齐国人知道这一情况后，都希望齐桓公再丢帽子，因为齐桓公丢帽子就可以放粮了。

齐桓公醉酒后出大丑了，他出的丑是＿＿＿＿＿＿＿＿＿＿＿＿＿＿＿＿＿＿
＿＿＿＿＿＿＿＿＿＿＿＿＿＿＿＿＿＿。

〔当代〕洪亮《知耻近乎勇》

第十五课　步从容

站如松，坐如钟，步_____，答案就在课文的句子中，边读边找吧！

步①从容，立端正，揖②深圆，拜③恭敬。

勿践阈④，勿跛倚⑤，勿箕踞⑥，勿摇髀⑦。

缓揭帘，勿有声，宽转弯，勿触棱⑧。

执虚⑨器，如执盈⑩，入虚室，如有人。

〔宋〕赵佶《听琴图》（局部）

注释

①步：走路。②揖：弯腰行礼。③拜：跪拜。④践阈：踩门槛。⑤跛倚：身体歪斜，站立不正。⑥箕踞：张开双腿而坐，形如簸箕。⑦摇髀：摇晃大腿。⑧棱：棱角。⑨虚：空的。⑩盈：满的。

译文

走路从容，站立端正，作揖弯腰，跪拜恭敬。进出门，不要踩在门槛上，身体不要歪斜靠着；坐着，不要张开腿，不要摇晃大腿。揭开门帘要慢慢地，不要发出声响，走路转弯角度要大，不要碰到有棱角的地方。手里拿着空的器物，好像拿着装满东西的器物一样小心，走进没人的房间，就像走进有人的房间一样守规矩。

字词解码

根据形状，猜一猜下图是什么字？

它们是：＿＿＿＿＿＿＿＿＿＿。

gēn jù wù tǐ xíng zhuàng zào zì de fāng fǎ jiào xiàng xíng。gǔ rén duō cōng míng!nǐ kàn,"勿"zì xiàng bú xiàng yí miàn qí?"勿"běn lái de yì si jiù shì qí zhì。

根据物体形状造字的方法叫象形。古人多聪明!你看,"勿"字像不像一面旗?"勿"本来的意思就是旗帜。

理解阶梯

bǎ tú piàn hé wén zì lián yi lián ba
把图片和文字连一连吧。

bù cóng róng　　　　lì duān zhèng　　　　wù jī jù
步从容　　　　　　立端正　　　　　　勿箕踞

shuō yi shuō,zuò yi zuò
说一说,做一做。

jìn rù fù mǔ fáng jiān qián,wǒ huì qīng qīng de qiāo mén,wèn:"bà ba mā ma,wǒ kě yǐ jìn lái ma"
进入父母房间前,我会轻轻地敲门,问:"爸爸妈妈,我可以进来吗?"

fù mǔ bú zài fáng jiān lǐ,wǒ huì
父母不在房间里,我会_____

fù mǔ qǐng wǒ dào bēi shuǐ,wǒ huì
父母请我倒杯水,我会_____

熟读成诵

zhào yàng zi huà chū biǎo shì tíng dùn de
照样子画出表示停顿的"/"。

lì bù cóng róng　　lì duān zhèng
例：步/从容　　立/端正

zì jǐ huà
自己画

揖深圆　　拜恭敬

lì wù jiàn yù　　wù bǒ yǐ
例：勿/践阈　　勿/跛倚

勿箕踞　　勿摇髀

zhù yì yǒu tíng dùn de bèi sòng　wǒ néng
注意有停顿地背诵，我能
dé sān kē xīng　nǐ ne　qǐng tú sè
得三颗星，你呢？请涂色！

博学广闻

bù qī àn shì
不欺暗室

qú bó yù shì chūn qiū shí qī wèi guó de dà fū　　fēi cháng jiǎng jiu lǐ yí
蘧伯玉是春秋时期卫国的大夫，非常讲究礼仪。
yǒu yì tiān wǎn shàng　　wèi líng gōng hé fū ren zài tíng yuàn zhōng shǎng yuè　　hū rán tīng
有一天晚上，卫灵公和夫人在庭院中赏月，忽然听
dào yǒu chē mǎ de shēng yīn　　dàn jīng guò wáng gōng mén kǒu shí　　què méi le dòng
到有车马的声音，但经过王宫门口时，却没了动

静。过了一会儿，车马声又在远处响起来。在古代，臣子经过王宫门口，都应下车表示恭敬。后来，卫灵公知道了那天晚上经过王宫的是蘧伯玉。蘧伯玉是个严格遵守礼节的人，绝不因为是在晚上，没有人看见就废弃了礼节。

是谁经过王宫门口时这样遵守礼节？
_____。

汉画像石车马图

拓展练习

第十六课　事勿忙

语音朗读

网吧、书店、歌厅、商场……哪些场所是少年儿童不该进入的？

事勿忙①，忙多错，勿畏②难，勿轻略③。
斗闹④场，绝勿近，邪僻⑤事，绝勿问。

〔宋〕苏汉臣《杂技戏孩图》

注 释

①忙：急迫。②畏：害怕。③轻略：草率马虎。④斗闹：打斗吵闹。⑤邪僻：不正当的行为和思想。

译 文

做事不要急迫，不然，容易忙中出错。做事不要怕困难，不要草率马虎。打斗吵闹的场合，绝对不要靠近，不正当的事情，绝对不要参与。

字词解码

词语也会捉迷藏，你相信吗？请看下面。

句子　　　　　　词语

食适可　　　　　适可而止

wǒ yě néng zhǎo chū cáng zài jù zi zhōng de cí yǔ
我也能找出藏在句子中的词语。

jù zi
句子

cí yǔ
词语

máng duō cuò
忙 多 错

理解阶梯

zài shào ér bù yí de chǎng suǒ xià dǎ shàng chā
在"少儿不宜"的场所下打上叉。

（　　）

（　　）

（　　）

（　　）

（　　）

（　　）

熟读成诵

> wǒ néng zhèng què de lǎng dú
> 我能正确地朗读,
> hái néng zhù yì tíng dùn
> 还能注意停顿。

事/勿忙　忙/多错　勿/畏难　勿/轻略

斗闹/场　绝/勿近　邪僻/事　绝/勿问

> zhù yì yǒu tíng dùn de bèi sòng　wǒ néng
> 注意有停顿地背诵,我能
> dé sān kē xīng　nǐ ne　qǐng tú sè
> 得三颗星,你呢?请涂色!

☆ ☆ ☆ ☆ ☆

博学广闻

> cāi zì mí　mí dǐ jiù zài yuán wén zhōng
> 猜字谜,谜底就在原文中。

　　xiǎoxiǎo yá ér zuǒbiānzhàn　guà gè ěr duo fēi zhèng hàn
1. 小小牙儿左边站,挂个耳朵非正汉。　　(　　)
　　shí èr diǎn
2. 十二点。　　　　　　　　　　　　　　(　　)
　　kāi mén jiàn shì
3. 开门见市。　　　　　　　　　　　　　(　　)
　　jìn mén zhāng kǒu qiú jiě dá
4. 进门张口求解答。　　　　　　　　　　(　　)

欲速不达

顺治七年（1650年）冬天的一个傍晚，鄞县人周容带着书童急匆匆地赶往镇海县城。天色渐晚，他们加快了脚步。忽然，小书童摔了一跤，捆扎的绳子断了，书散落了一地。等到把书整理捆好，前方的城门已经关了。

〔明〕唐寅《柴门掩雪图》（局部）

第十七课 将入门

语音朗读

"有借有还，再借不难，有借无还，再借困难。"从古到今都是如此。

将入门，问孰①存②，将上堂③，声必扬④。

人问谁，对⑤以名，吾与我，不分明。

用⑥人物，须明求，倘⑦不问，即⑧为偷。

借人物，及时还，人借物，有勿悭⑨。

〔明〕唐寅《山路松声图》（局部）

注释

①孰：谁。②存：存在，在家。③堂：厅堂。④扬：提高（声音）。⑤对：回答。⑥用：借用。⑦倘：如果。⑧即：就是。⑨悭：小气。

译文

准备进入别人家门，要先问谁在屋里。想要走进别人家厅堂，应该提高声音让里面的人知道。别人问你是谁时，要回答自己的姓名；如果只是回答"是我"，别人会不明白的。借用别人的物品，必须明确提出请求。如果不问一声就拿走，就是偷窃。借用别人的物品，要及时归还，别人想借你的东西，不要小气。

字词解码

"借人物"和"人借物"，你发现了什么？

句子也能变形！

dú shū hǎo　　néng biàn chéng shén me
"读书好"能变成什么？

dú hǎo shū
读好书

hào dú shū
好读书

理解阶梯

lián yi lián
连一连。

1. jiāng rù mén 将入门　　A."nǐ hǎo　néng bǎ xiàng pí jiè wǒ yòng yí yòng ma你好，能把橡皮借我用一用吗？"

2. rén wèn shuí 人问谁　　B."zhè dōng xi wǒ yǒu　jiè gěi nǐ yòng ba这东西我有，借给你用吧！"

3. jiè rén wù 借人物　　C."nǐ hǎo　jiā li yǒu rén ma你好，家里有人吗？"

4. rén jiè wù 人借物　　D."wǒ shì méngmeng我是蒙蒙！"

yùn yòng shàng miàn de yǔ yán zuò yi zuò　　dào huǒ bàn jiā jiè yí yàng dōng xi
运用上面的语言做一做：到伙伴家借一样东西。

熟读成诵

我能正确地朗读,还能注意停顿。

用／人物,须／明求,倘／不问,即／为偷。
借／人物,及时／还,人／借物,有／勿悭。

 注意有停顿地背诵,我能得三颗星,看你的!请涂色!

博学广闻

宋濂借书

元朝有个孩子叫宋濂,他爱读书,可是家里穷,没有钱买书。有一天,宋濂到一个有钱人家借书,这家主人不乐意,提出了十天之内一定要归还的条件,可这么短的时间内根本看不完这本书。到了第十天,宋濂冒着大雪送还了书。这家主人很感动,让宋濂以后随时来借书。

zhè jiā zhǔ rén ràng sòng lián suí shí lái jiè shū shì yīn wèi
这家主人让宋濂随时来借书是因为_____。

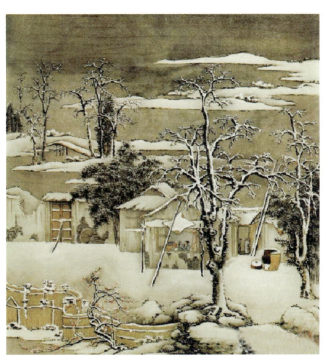

〔唐〕王维《袁安卧雪图》（局部）

〔清〕蒋廷锡《故宫鸟谱之太平雀》

拓展练习答案

后　记

2014年4月1日，教育部印发了《完善中华优秀传统文化教育指导纲要》，明确阐述了开展中华优秀传统文化教育的重要性，同时也明确规定小学低年级以启蒙教育为主，主要内容是：识认汉字，初步感受汉字的形体美；诵读古诗，感受汉语的语言美；了解传统礼仪，学会待人接物的基本礼节；身体力行，弘扬优良的传统行为规范，等等。小学高年级则以认知教育为主，了解中华优秀传统文化的丰富多彩。主要内容有：理解汉字的文化含义，体会汉字优美的结构艺术；诵读古代诗文经典篇目，体会其意境和情感；知道重要传统节日的文化内涵和家乡生活习俗变迁；热爱祖国河山、悠久历史和宝贵文化，等等。

中华传统文化博大精深，如何用小学生乐于接受的方式有效地对小学生进行传统文化教育是历史赋予我们的时代使命。为此，我们力图从浩繁的中华传统文化中撷取部分内容，运用教科书的编制方式向小学生传递精彩纷呈的祖国传统文化。

本套丛书共12册，采用与小学同步的方式呈现。内容涵盖《三字经》《千字文》《弟子规》、"四书""五经"、诸子百家、蒙学经典和诗赋美文，等等。由于版本繁多，为了保证选文的权威性，本丛书以中华书局出版的文本为主，少数篇目选用商务印书馆、书目文献出版社（今国家图书馆出版社）、上海古籍出版社等出版的文本。具体如下：

《三字经》《千字文》《弟子规》选自"中华诵·经典诵读行动"读书编委会编：《三字经·百家姓·千字文·弟子规诵读本》，中华书局，2013年版；

《周易》《诗经》《礼记》《孝经》《论语》《孟子》《大学》《中庸》选自阮元校刻：《十三经注疏》，中华书局，1980年版；

《老子》选自陈鼓应译注：《老子今注今译》，商务印书馆，2003年版；

《庄子》选自方勇译注：《庄子》，中华书局，2010年版；

《韩非子》选自高小慧，陈才编著：《韩非子》，中华书局，2011年版；

《淮南子》选自陈广忠译注：《淮南子》，中华书局，2012年版；

《列子》选自叶蓓卿译注：《列子》，中华书局，2011年版；

《幼学琼林》选自刘志伟，孔留根译注：《幼学琼林诵读本》，中华书局，2013年版；

《孙子兵法》选自付朝著：《孙子兵法结构研究》，解放军出版社，2010年版；

《春秋左传》选自洪亮吉撰：《春秋左传诂》，中华书局，1987年版；

《笠翁对韵》选自艾荫范，解保勤注：《笠翁对韵新注》，书目文献出版社，1985年版；

另外一些篇目选自罗志霖译注《诸葛亮文集译注》（巴蜀书社，2011），喻岳衡点校《龙文鞭影》（岳麓书社，1986），张觉《荀子译注》（上海古籍出版社，1995），孙昌武选注《韩愈选集》（上海古籍出版社，2013），等等。

在内容安排上，根据小学生的身心发展特点，遵循小学教育阶段的教育教学规律，采取循序渐进的方式进行排列。小学低年级，习惯的养成至关重要，因而一年级安排《弟子规》，让小学生学习为人处世的基本规范，为终身的良好发展奠定基础。二年级安排韵文，包括《三字经》《千字文》《笠翁对韵》《幼学琼林》《诗经》等，使小学生体会祖国语言文字的韵律美。三四年级安排"四书""五经"，让小学生感受祖国传统文化的博大精深，产生对祖国的热爱之情。五年级学习诸子百家的作品，了解古代先贤圣哲的智慧与哲理。六年级安排《孙子兵法》和美文欣赏，让小学生领略我国军事计策与战争思维，欣赏我国传统文化的深邃与精美。同时，在每册根据选文的内容介绍古汉语知识（如汉字知识、古今异义、词类活用、一词多义、文言虚词、语法句式等）、古代尊称谦称、风俗民情、诗词曲赋、传统节日、名人故事、成语故事等，尽可能地让小学生对祖国的传统文化有一个初步的较为全面的了解。

在具体编排上，采用单元编排方式。每册书根据内容分成若干单元，每个单元由若干课文组成。每个单元都有一个单元导读，讲明本单元的内容与学习要求。每一篇课文的正文部分由"课前导语""原文""注释""译文"四个部分组成。练习部分由"字词解码""理解阶梯""熟读成诵"（高年级为"细读慢品"）"博学广闻"四大部分组成。"字词解码"，重点解释汉字的起源、结构以及造字的知识，增强小学生对字词的理解，了解汉字的神奇和伟大。"理解阶梯"，侧重对课文中句子、内容、中心思想的理解，感知祖国传统文化的广博与精深。"熟读成诵"（"细读慢品"），介绍诵读方法，在背诵过程中体会国学的美感与韵味。"博学广闻"，则是结合课文内容介绍相应的国学知识、传统习俗、故事经典等，让小学生增广见闻，开阔视野。

在版式设计上，本丛书力求使图形、文字、色彩等视觉要素符合小学生的心理特点，因而设计了孔老师、蒙蒙、正正三个人物与小朋友们一起学习，文中运用大量的对话、图形提示、插入语、活动操作以及多变的练习方式等现代教科书编制方式对练习进行编排，以降低学习难度，减轻课业负担，提高学习兴趣。

此外，本套丛书提倡亲子阅读和亲子活动，让父母与孩子一起学习，不仅能够促进孩子的学习，而且能够拓宽父母与孩子之间的交流渠道，更重要的是能够提高家长的国学修养，改善中华民族的整体素质。

本丛书是团体合作的产物，先由丛书主编傅建明与各分册主编商定各册内容与呈现方式，而后分工合作而成，最后由傅建明统一审定。相信其中会有许多值得肯定之处，也会有不少的疏忽和缺陷。其中的成功之处归功于各位编写者的努力，不足之处归咎于丛书主编的学识修养。对于书中的欠缺之处，还请有识之士不吝赐教，以便使丛书更臻完善。

感谢所有编写人员的辛苦工作，特别是每位主编的工作态度让我深深感动，他们不厌其烦地一稿一稿地修改，保证了该丛书的质量；感谢北京大学出版社姚成龙主任的支持与督促，感谢李玥编辑的细心工作，对他们的敬业精神与细致的工作致以发自内心的敬意；感谢我的研究生苏洁、江申、余海燕、罗艺、李文娴、蔡安琪、孙增荣、张琰慧、倪素娟、陈玮玮认真地校对了全部书稿。

感谢所有理解与支持我的师长、朋友们，愿所有的好人一生平安幸福！

傅建明